Amigos amantes y demonios

José Alejandro Peña

ALMAVA
Editores

almava.net

José Alejandro Peña nació en 1964. Emigró a los Estados Unidos en 1995, donde funda y dirige Ediciones El Salvaje Refinado y Obsidiana Press (Ediciones Obsidiana).

Graduado con una licenciatura en Ciencias Políticas—Estudios Internacionales por la *West Virginia State University*.

En 1986 obtuvo el Premio Nacional de Poesía con su libro *El soñado desquite*, publicado ese mismo año por la Biblioteca Nacional bajo la prestigiosa Colección Orfeo).

Libros publicados:

- *Iniciación Final (1984)*,
- *El soñado desquite (1986)*,
- *Pasar de sombra (1989)*,
- *Estoy frente a ti, niña terrible (1994)*,
- *Blasfemias de la flauta (1999)*,
- *Mañana, el paraíso (2001)*,
- *El fantasma de Broadway Street y otros poemas (2002)*,
- *La vigilia de todas las islas (2003)*,
- *Suicidio en el país de las magnolias (2008)*,
- *Trampantojo (2016), El caballo de Atila (2021).*
- *Cóctel para sonámbulos (2021)*,
- *Dejad hablar al viento (2021)*,
- *Esperpéntico antiarcangélico y sexualísimo (2021)*,
- *Pavor en el país natal (2021).*

Amigos amantes y demonios

José Alejandro Peña

Poesía Hispanoamericana Contemporánea

almava.net

ISBN 978-1-945846-14-4

almava.net
almavaeditores@gmail.com

I

En mitad de la tormenta

Se tiende sobre su cama
con el cabello todavia húmedo
mostrando su altivez desconsolada.
Su larga luminosa cabellera
le cubre los senos como un manto.
Despide su mirada
una luz extraterrestre o lívida.
Habla mascándose la lengua
como los pájaros
cuyos sermones chocan
en mitad de la tormenta.

Melancolía

Habla y sonríe.
Sonríe uniendo sus rodillas
y mirando hacia la
puerta mal cerrada.

Una larga mueca de ahogo
divide su rostro en ocho partes
formando un octaedro
con las palabras que faltan

para decir "asombro"
voraz melancolía.

Se esconde adentro
de su cuerpo vacío.

Desde allí colma de sensaciones
la mirada de los gatos
que rondan los huesillos
candentes de la lámpara.

Los pedazos del día

Después de un silencio largo
se rasca la garganta
y dice como ausente "se ha
ensuciado de grasa la piscina"

Yo me acerco a su cuerpo estremecido
mientras uno los pedazos del día
con la uña del meñique.

Incertidumbre

El eco
donde se esconde
resplandece como coraza rosa
entre las dunas muertas
y los espejos rechinantes.

En las noches de luna llena
un búho de cuerda obsceno
vela bajo el arco de aquel olivo
donde es intensa la levedad.

Ella se acuerda
tal vez
del laberinto que está en su alma
redondo y suave
como un dilema.

Se acuerda
seria locuaz intensa
como niña peripatética
de los tranvías de los paraguas
de los escombros de las cigarras...

Habla sonriendo
como los sordos de las ciudades
donde hay estatuas iridiscentes
que rebosan los lagos
y las pupilas de incertidumbre.

Como un espectro

Hay una lona sobre el diván.
Es una lona forrada de cerrajas.
Sus estallidos de pesadilla
olvida y calla
pero se obstina
en dar pasitos
hacia adelante
donde hay ciudades
con viejos trenes
y mucha luz.

Allí no canta sediento
el grillo enajenado
ni se lamenta la chispa muda
que al sol expulsa o desfigura
si la traiciona la indemne pausa
la transparente benevolencia
que es transparente
porque es indócil

como una puerta
que da a la luna
como una luna
de turbio trino

como un espectro
como un cuadrado.

Mi amiga Miriam

A Miriam Ventura

Entre las onduladas figuras que
la brisa dócilmente persigue
y los herméticos espejos redoblados
entre arlequines y bombachas de bohemia
encuentra la anchura del vocablo perfecto.

No analiza el transcurso del colibrí
entre las uvas amargas
ni se disipa en vanidad ni asombro
ante el piso de ladrillo de las calles estrechas.

Busca el reposo en la rueda que avanza.
No la abruma el chirrido de la puerta trasera
por donde arrastra un bulto lleno de papeles.

Su instinto es la incisura pensada acordemente.

Alguna vez delira ante un poema
de Constantino Cavafis
o se le frunce la frente ante un dibujo
a lápiz de Odilón Redón
mas causa gracia siempre en ella
su gallarda postura indescifrable.

Ha peleado todas las batallas del pasado
montada en un caballito de mar
como valquiria enamorada del crepúsculo.
Se abre el corazón con una luz que viene

de los montes más altos
y humildemente dice ¡basta!
al trencito de juguete que da vueltas
sobre la tapa nacarada del piano de cola.

Mi amigo Eloy

A Eloy Tejera

Trabaja la materia en la sustancia
y la sustancia en la materia
de modo oscuro y limpio
pero mezclando luces inventadas
por espéculos precisos
extrayendo signos y visiones
conformes a su rara
vehemencia exploradora.

Dialoga en los jardines y los parques
con Baco y Krishnamurti
mostrando
el aura o no sé qué
su gratitud o su templanza.

Su ingenuidad consiste en buscar
el hilo luminoso de Ariadna
y la paciencia del tejedor de redes
transparentes.

Ha escrito muchas veces las palabras
perdidas de los pájaros
y ha dado de comer en su mano
a las águilas hambrientas.

Ha escuchado a los dioses en la voz
de Louis Armstrong y copiado la música
todavía inédita de sus cuadernos de colores.

Su fuerza y su cuidado los busca
en el leonado escondrijo de una
cabeza rubia.

Y si es injusto a veces
consigo mismo y con el viento
es por jugar introspectivamente

a ser sereno
leve
extraño

a desligarse
y continuar.

Mi amigo Lupo

A Lupo Hernández Rueda, in memoriam

Miraba el mundo con una lupa
miraba el cielo por un espejo
miraba siempre de frente a sus
amigos con tan exacta delicadeza
que nunca nunca se le aflojaba
la condición

Era macizo como un caballo
y honesto sin rendición
a todos daba las buenas noches
sin decir nada como es debido
y era sereno como un ciclón.

Mi amigo Lupo mi amigo Lupo
adonde se ha ido con sus pablaras
siempre precisas e iluminadas
por un diafragma de tiburón.

Nadie podía saber si estaba triste
o alegre
si alguna angustia lo desveló

era preclaro como las casas
donde hay un pozo lleno de sol.

Mi amigo René

A René Rodríguez Soriano, in memoriam

Debajo de las almohadas de cristal
guarda una flauta para el futuro
de nuestras vidas desordenadas
tristes y pobres como un conjuro
de sangre adulterada con whisky o vino.

De vez en cuando cuenta cuentos
para agrandarnos el malecón
es sencillo habla muy poco y se cansa
de las casacas de los ombligos de mariposa
y de las gafas oscuras del guardabosque

odia a las damas de andar incierto
odia a los barcos que se han hundido
ama los cielos y las costuras en su solapa
de mar a mar.

Tiene dos cosas que nadie tiene
un bombín de curandero andino
y un paraguas de sol hierático.

Contra su alma noble y serena
ninguna flauta puede soplar.

Mi amigo Amable

A Amable Mejía

Junto a su casa memorias de arroyuelo
linóleo lúmenes escolopendras
de puro olor a mármol
estiércol
avellana
y un temblor sigiloso
de estatua viva
matinal asombro de brasa
y pegamento
juegan los niños el ro-ro del rododendro
el ra-ra de la ranura
la urticante majestad del vórtice
caudal desgaire o embeleso de la herrumbre
a dos siglos de la nada
urgente cicatriz de un paso y otro.

De todas las ebúrneas magnolias una
lo cuida de las palabras fútiles
de la contagiosa tos de los imbéciles
y de la miopía de los piojos sentimentales.

Hay una enfermedad muy mala
que tienen los poetas quejosos
es la enfermedad de andar cayéndose
a pedazos.

He aquí a un hombre despierto
cuyo peor desastre consiste

en su aguda precaución.

No sale nunca de su casa
a menos que no sea con un libro
de Nietzsche y un frac de marqués
de las Antillas.

También tiene un canguro
para llevar a los parques solitarios
donde se divierte exprimiendo
el corazón de su otro yo.

Mi amiga Claribel

A Claribel Díaz

El lunes por la mañana se está duchando
con el piyama puesto y los anteojos
medio empañados por el vapor del agua
y los abanicos que rayan el suelo
con el sonido de un helicóptero
hecho de prisa como está hecho
el aire fresco de nuestro mundo.

Ya muy pronto será la guerra
la última guerra tal vez.

Bebamos vino y olvidemos
el pasado que tanto descolora
los objetos y amontona residuos
venenosos entre los párpados.

Reír es placentero y soñar
es un modo inconfesable de vivir.

El vino agudiza los sentidos
y agiliza la pureza de las formas
abstractas
que son eternas como el cadáver
de un violonchelo.

Ya no pensemos en los espejos
ni en las persianas ni en los caballos
ya no pensemos en la salmuera

ni el los pantanos ni en los nenúfares
ya no pensemos en las vicuñas
que piensan mejor que Tánatos.

Ya no pensemos en lo absoluto
que cualquier rascacielos piensa mejor
que todos los poetas del malecón.

El vino nos devuelve a la infancia
y nos lanza hacia un presente
inadvertido
total
perfectamente desdoblado y decisivo
como un estuche mal acolchado
donde duerme sin duda nuestro prójimo.

Cada pincelada del alba es fruto
de la ensoñación repentina
o así parece a los mortales anteojos.

Nos da la vida regalos verdaderos
y falsos relojes para matar el tiempo.

Amiga tan versátil y tan dueña de ti
los dioses hace tiempo colocaron
una areola perfecta alrededor de tu cabeza.

Tus palabras están tocadas por el dios Apolo
y susurradas por Dionisos.

Veo tus pies descalzos en mitad del salón
y tu copa de oro rebosante de buen vino.

Vivamos y brindemos por la noche
nodriza de todos los fantasmas.

Mi amigo Adolfo

A Adolfo Arbaje

En días neblinosos amarillentos o perplejos
nos juntábamos a escuchar el canto de los grillos
mientras la tarde todavía joven
traía barcos tan remotos de sitios tan fugaces.

¿Te acuerdas buen amigo de aquellos niños
flacos que hablaban de Platón
de Bernardino Ramazzini
de Galileo y de Newton
de Euclides de Homero y de Cervantes?

¿Cómo hablábamos entonces el griego
los infantes de una nueva era?
¿Hablábamos con ingenuo fervor
de catedrático
o simplemente éramos tan fútiles
tan descuidados como Atila?

¿Te acuerdas de las máximas de Séneca
de las alfombras persas en los cuartos
de Alejandría
oyendo el parloteo de los muertos
y el nombre de Alejandro Magno
entre las gibas de los camellos
haciendo larga la sensación de miedo
que dan a veces los fríos arenales de Roma?

Elsa Núñez todavía se pintaba el cabello

de aquellos colores fabulosos
mostrando su bondad y su belleza ínclita
ínclita como el incienso en las mañanas
en el templo tibetano a la orilla del río.

¿Te acuerdas de los bueyes de Guillo
de las inmóviles palomas de Cándido
de los dibujos de aquella niña dulce
que pensaba en metáforas como los
chinos alocados
Inés Tolentino soñadora instintiva
emperatriz de un mundo inalcanzable?
¿Te acuerdas de sus hombros perfectos
de su cutis de abeja?

Un día volveremos a vernos y reiremos
como en aquellos días de mucho sol
sobre las cumbres del entendimiento
y la alegría.

Mi amigo Orlando

A Orlando Cordero

Vamos de sitio en sitio por las calles
inciertas y vanas de Santo Domingo
buscando equilibrar balanzas en el cono
de alguna barandilla custodiada por
duendes peligrosos.

Vemos a unas muchachas que nos miran
y sonríen sin saber por qué.

Así de dulces son sus labios que nos tocan
muy hondo en la palabra que dura madurando.
Toda palabra es ya imprecisa para describir
los presagios y los lienzos.

Vamos amigo no perdamos
el tiempo en la duda o el miedo.

Hay sombras enemigas
que solamente son sombras tangibles
ante la contagiosa aruspicina del maguey.

Mostremos a los hombres un rostro de hombre
y a las fieras nuestra persistente capacidad
de unificar sabiduría y bondad.

Vamos amigo a recoger manzanas de oro
de los campos desiertos.

Vamos que no hay en la palabra
laberinto alguno excepto el que
advertimos en los primeros días insaciables
en el óxido materno de las vaginas púberes.

Todo lo demás que crezca donde quiera
como el sonido del guijarro
que permanece cóncavo y sin luz
a la deriva.

Mi amigo Juan Freddy

A Jua Freddy Armando

El más cuerdo de los locos
es también el más afable y tierno.

Ríe no con el rostro
sino con todo el cuerpo
y su cuerpo es su alma.

Escribe poemas que no son poemas
porque los que escriben poemas
no saben lo que escriben.

Él escribe la vida.
Y la vida es lo que queda
cuando llega la muerte
y se lleva los cuerpos
en fundas de basura.

Cuando solemos juntarnos en invierno
vamos a los sitios donde bailan desnudas
las muchachas más bellas.
Unas niñas que ponen de rodillas a reyes
y a soldados.

Bebemos vino en copas de madera antigua
y recordamos versos de Dante y de Virgilio
de Homero y de Odysséas Elýtis.

Cuando ya no podemos
pronunciar palabras
nos vamos a la mar
con nuestros banderines
amarillos o morados
sin ojos y sin brazos
como las culebras de Nápoles
ebrios como el bambú silvestre
o como el óxido en el hierro
de los puentes.

Mi amigo Leopoldo

A Leopoldo Minaya

Desde muy niño en un lugar sin luz
como es Jalisco
tu asombro por los aquilones extremos
y la medialuna de los domingos en Roma
leyendo a Cicerón o a Séneca o a Borges
subes a jugar a la acera de fino mármol
a lucir tu fervor y tu extrañeza.

Han crecido hasta el tope tu virtud
e inteligencia
y tus poemas gozan de la incomprensión
de mentecatos y de ingenuos paranoicos.

Brindemos ante aquello que nos cuida
de la cruda mezquindad de nuestros
ciudadanos y amigos
brindemos a la salud del buen decir
que es armonioso y largamente
incomprensible.

Las fuerzas combinadas de los poemas rimados
con perfección y locura alcanzan el azar
en los preclaros limbos de pistacho
puesto que algunos tienen oído para la música
y otros son obtusos y brutos para captar al vuelo
los niveles del agua y la energía que la impulsa.
La belleza es un perfume
de tierra dura y compacta.

La belleza toma de la tierra todo lo blando
y suaviza las partes rústicas e infértiles
para preñar el alba de imperceptibles modos
de aguante.

La poesía no es sino
ondulación y forma.
Lo vemos en Ludovico Ariosto
en Dante Alighieri
en Federico García Lorca
en Vicente Aleixandre
y en todos los momentos
que se deshacen
ante nosotros.

Si somos o no inmortales importa poco
dejemos que Sócrates Platón y tantos otros
imaginen verdades consustanciales.

Nosotros ocupemos nuestro tiempo y existencia
en extender el canto fabuloso e ininteligible
de los pájaros silvestres.

Las almas poco generosas se lamentan de todo.
Las almas pródigas no temen
ni a la luz ni al rocío.

Mi amigo Eduardo

A Eduardo Lantigüa, in memoriam

Han envejecido los muebles de tu casa
pero tú sigues lozano y sonriente
como las estatuas de los barrios ricos.

Dulce amigo ¿te acuerdas de nuestras
tercas borracheras en las bohemias
marginales?

¿Te acuerdas de Paloma y de Sarah?
¿Te acuerdas de Rebeca y de Aurora?

Te acuerdas de la casta Josefina
con su voz esquelética y deforme?
¿Te acuerdas de Isabel y su cabello
orlado y errabundo
su mirada peculiar o terrosa
te acuerdas de sus largas frases
incoherentes?

¿Te acuerdas de la fea Lola
con su culo astronauta
que nos remontaba y dejaba
en mitad del universo?

¡Cuánto disfrutábamos entonces
los poemas de Catulo y las frases
de Salomón!

En los días sobrios buscábamos
a Kafka y a Kundera
a James Joyce
a Cavafis
a Lezama Lima
y aprendimos con júbilo sereno
a recibir la tarde con encomio.

A veces nos juntábamos con Carlos
con César con la hermética y perenne
Claribel Díaz.

¿Adónde están ahora esos amigos
que pulen pómulos anárquicos
y echan redes macabras
sobre un río indiscreto?

¿Adónde la mujer amada
con su calcio angular
y su fervor de ensueño?

¿Adónde su bondad
su falla humana
su rostro repintado
con esmeril y mirra
del nordeste de Francia?

Marchamos siempre hacia el pasado
con la cabeza en alto como ridículos

banqueros
cuyos odres están siempre vacíos.

El futuro no existe
ni el presente
ni nada.

Las estrellas no brillan como
en el siglo pasado
ni relumbra en la casa el martirio
del bosque.

Mi amigo Ángel

A Ángel Duque

Por la escalera somnífero marino
van imágenes que no se atrapan
con estrategias beethovianas.
Pinta palmípedos de amatista
ángeles en camisa de fuerza
rojos verdes o azules
como centauros hechizados
por drupas y escarabajos.
Los trazos se mueven solos
como tocando levas Imaginarias
muslos persianas rostros sin carne
toros y campanillas de niña exangüe.
Por las vertientes de sus pinceles
escurre mármoles azulosos
miradas que son miríadas de selva o nube.
Transfiguraciones. Sueños. Pesadillas.
Trucos de marinero trunco con ojos
que miran fijo a todas partes
y ven cosas que están ocultas en las manzanas.
Los tonos fríos los trazos finos
contrastes no de colores sino de formas.
Formas que son colores de estalactitas
o de cavernas donde hay jirafas y monaguillos
con pechos de escaramuza con escalpelos
desdibujados.
Su mano tiembla cuando el invierno
trabaja el cuerno del unicornio
con la ponzoña del escorpión

dotado siempre de misticismo
como las cuerdas vocales de una montaña
sólo de pasos bajo la lluvia
de pasos lentos como de iguana.
Mas él no teme a los chubascos de las callejas
ni a los leprosos ni a los banqueros
que son corsarios o leviatanes.
Está seguro de los andenes de tierra fucsia
donde las dalias son herraduras
y los caballos se desesperan
porque no hay noche como la noche
de andar a solas por las orillas del Duero
mascando almendras con nuestra novia
la más hermosa la más terrible la más dichosa
con tinta verde sobre la frente
con tinta negra sobre los ojos
con tinta roja todo el verano.
Con Botticelli
con Paganini
con los pigmentos de un nuevo sol.

Mi amigo Raúl

A Raúl Martínez Rosario

Juega como los niños con palabras ebúrneas
leves o absurdas.
Las aprende de improviso
como si conociera de antemano
el instante de todas las formas.

Miente con precisión locuaz
como las máquinas de envarillar
sombrillas.

Sus palabras nacen
de la claridad constante
como la piel de un gato angora
cuyos ojos inmortales
son dulces bolitas de pan.

Habla solo en un rincón de la sala.
A veces solamente escucha llover
y se divierte pensando en la humedad
sonora de sus muebles.

Habla con los muertos de la lluvia
estremecido por el canto de las piedras.

II

Paseando en bicicleta entre palmeras

A Manuel García Cartagena

No se pierde un capítulo de su propia novela
que vive con fascinación y locura.

Le da vueltas y vueltas a la manzana
con una roja espiral como de ámbar.
Se enreda un pensamiento a otro
y su aureola pintada de amarillo
se desenrolla como un hilo de arena.
Como un hilo de arena parpadeante.
Un hilo de arena es un enjambre.
Un hilo de arena es un alud
una puesta de sol una palmada.
Un hilo de arena es un caballo.

Tiene la delicadeza de hacer chistes para sí mismo
y de burlarse incluso de sus momentos
de más pesar o gloria.

Sabe
como los monjes de Kumamoto
no disiparse como las liebres
y reparte entre los indigentes y los príncipes
la ciega luz de los faroles.

Ha dicho o soñado frases doradas que se deshacen
indiferentes: el mundo hay que mirarlo de atrás
hacia delante como los peces diestros en filosofía.

No sé si yo he mirado el mundo de ese modo

pero todo cuanto es inconmensurable
tiene ciencia en la poesía.

Sabe lo que saben las grullas y los santos
desde el nacimiento:
explorar la belleza de los parques vacíos
y entenderse a sí mismo más de lo debido.

Se esfuerza en alcanzarlo todo
en su visión terrestre
sin prestar atención a la pereza
que abunda entre envidiosos e hipócritas
a los que él regala crucigramas
y fondos de botella.

Lo que piensa de noche
lo mejora durante el día
y lo que escribe durante el día
descifra como un sol
los muslos de Afrodita.

Se aburre de las mismas cosas
y hasta de sí mismo cuando quiere
solamente para probar su tolerancia
y su amor propio.

Sabe jugar con las palabras indómitas
y enredar al viento en laberintos
donde las ninfas de carne y cigarrillo

dudan de los minotauros indefensos.

De todo lo que hace o dice borra la mitad.
Tiene medio bigote empapado en vino
media cucharilla para mezclar tornados
medio bastón de caña y medialuna.

De las mujeres y de los lagos crecidos
toma la mitad y desecha lo propio.

De vez en cuando va al espejo
para ver si su sombra se está riendo
con otra risa suya no estrenada
o jugando con naipes de morlaco
en las arenas de Varanisi.

Las palabras al coral seducen

Las palabras son hilos de acero
con las que bordas un arco
y una casa flotante en el mar Caribe
donde los buques se extravían
y los hombres envejecen al nacer
pensando en tu cintura formidable.

Las palabras son dunas envueltas
en tu vestido con escotes
que los ojos intrigados encumbran
y que sólo los dioses acarician.

Las palabras se asustan cuando dejas
el sol en la cabeza de los náufragos
en una orilla que despuebla el viento.
Esas cabezas en forma de botella
que los peces reducen lentamente
y que luego se fusionan al agua
como los gritos de las ballenas fornicadas.

Las palabras al coral seducen
y al erizo transforman
en óseo artefacto fluorescente
giran sin desmayo y luego quedan
inmóviles buscando asir la soledad
y el desatino.

Los erizos de semen arrullan
a las niñas que andan descalzas

sobre la arena
apretando los glúteos como las bailarinas
y empinándose en los hombros
de un viejo ceniciento salvaje
y lujurioso.

Las palabras se erizan
cada vez que las tocas
en la cuerda más sensible
del arpa.

De regreso

A Enrique Guzmán

Sentado entre los monos en la India
tocando y mirando lo rústico y lo suave
lo parejo y lo impar
acariciando la corriente de un riachuelo
o percibiendo las chacras de las ranas
y contando los golpes que dan los elefantes
con sus colmillos adiestrados
al ventarrón de octubre que va
a doblar la esquina
lo he visto meditar pasivo
entre las fieras
con ansias desprendidas
y largos collares de santo.

Es tan sencillo y humilde
como las sombras de los arcos
pintados en los templos
con agua y lapislázuli
con vénula de gallo.

Me dice riendo como los niños sabios
de los cuentos de Milarepa:
cualquier acción nos lleva de regreso
al punto de partida.

Y el punto de partida
cualquiera que sea
no existe.

Nos atenemos a lo que se nos da por la vista
pero no vemos en verdad sino lo que creemos
o imaginamos.

Una partida de ajedrez

A Johnny Durán

Estamos a la entrada del mercado
entre lechugas y gallinas y muchachas
sorbiendo café o vino amargo
y oyendo cierta música ruidosa.

Hablamos de Rabindranath Tagore
y de Gautama Buda
de las princesas con sus faldas
de humo y chocolate
y de las miradas emotivas que nos
hacen creer que el mundo existe
y que es plano
como el sexo suave de las emperatrices.

Jugamos ajedrez y medimos ventajas
en el movimiento de las piezas
dominando primero a los caballos
a los astutos alfiles acerados
distrayendo nuestra mente
con cierto vino casero y poemas de Mallarmé
de Omar Khayyam o de Li Po
mientras siguen entrando y saliendo
las muchachas con sus faldas cortas
sus blusas atrevidas
y sus traseros deslumbrantes
como los almanaques sin uso
y los sellos de correo
echados a perder.

Beber buen vino
y gozar de las muchachas
es la iluminación.

Los poemas dotados
de belleza y sustancia
son todavía más perfectos
que la iluminación.

El bardo solitario

A Tony Raful Tejada

Nos damos el trato de buenos camaradas
aunque conversamos muy poco y apenas
sabemos muy poco.

¿Es nuestro destino saber mucho
y abarcar todas las partes?

El saber menos según
nuestra consciencia
es el verdadero saber.

Nos dejamos arropar
por todos los atuendos
de la época
y somos siempre los primeros
en ocupar asiento a la mesa
de los reyes.

Mas nos despojamos de las ataduras
y de las prendas valiosas
de los lujos y de las apariencias
y nos acercamos a la luz
con el rostro lavado por la brisa.

En los atardeceres llenos
de hormigas rojas y ataúdes
leemos con parsimonia los poemas de Eliot
príncipe de las concordancias entre lenguajes

concisos como los botiquines amarillos
y las rampas despintadas de Pisa.

O leemos con alegría toscana
a Giuseppe Ungaretti
trastocado y hermético
como las cajas de combinación
de los dandys con hipo.

El bardo solitario
entrelazando sus dedos
para invocar la noche fría del invierno
mezcla palabras opalinas con incienso
y madeja de Praga
para alejar a las ignotas
calaveras deambulantes.

Hay ciertos colores y maneras
que se me escapan
y que son solamente suyos
y de las lunas de Venus
momentos donde reaparecen
un muslo de mujer
pelos y frutas y aluviones de álcali
ebrias sombras de alquimia
bajo la superstición y el miedo
miedo a los trenes inamovibles
a las cucharas con figuras de Baco
y Proserpina

y miedo a las veloces
parsimonias del trueno.

Trueno estoico de príncipe noctámbulo
entre las ninfas y los sátiros de Pafos
urgencias de su espíritu
inquieto y juvenil como las nubes
de los cielos color de tamarindo
entre símbolos muy altos y poderosas
misivas de los pájaros
y de las moscas verdes o azules
de los rejuegos de sus voces secretísimas
y las más limpias emociones
que nos hablan de coraje y de justicia
de camaradería y de templanza
de la belleza de las piedras achatadas
de lo que abunda y de lo que falta
de la perfección de la humildad
sin aspavientos de anémona hamlética
sin ronquido de piojo degollado
y sin mímesis de puertos
en el norte de Singapur
donde vagan las muchachas
en hombros de sí mismas
con el pelo revuelto
por el fuego y la arena.

El exótico sonido de las palabras

A León Félix Batista

Desde muy temprano aprendimos a leer
las palabras en los diccionarios
y a pensar en metáforas como las liebres
y los apiarios de Brooklyn.

Nos llama la atención el claroscuro
y saltamos de un edificio a otro
en busca de equilibrio.

Si embargo él tiene agudeza para explorar
en los bordes de la maleza y extraer de
la piedra zumos alimenticios y collares
deslumbrantes de fósiles de ámbar.
Siempre busca debajo del colchón por
si alguna vieja amante le ha guardado
un trozo de bizcocho o una chinche
exótica de mimbre.

Fanático frenético de juegos filosóficos
y armaduras formadas con vellos
de señoras ilustres
alcanza a sorprender cierta clave muy suya
y guardarse de las frivolidades
de los licenciados en letras.

Por los alrededores del puente Brooklyn
se deja perseguir por los perros endebles
echando carcajadas con un inescrutable
anillo lezamiano.

Para hacerse invisible
se cubre el rostro con
un libro de Kozer
y empareja rejas y capuchas
con Eduardo Espina
entre verde subrayado
por la piedra andando
y una lascivia adolescente
definitiva en luces
por los callejones de viniebla
de las rodillas tenaces de Husserl
mas conoce su nivel
entre los grandes bosques
y no compite ni en gracia
ni en desprecio.

Humilde se despoja de la piel de antílope
bajo sombrero de periódico escondida
y ruge sobre las rocas encandiladas
con un rugido de tal linaje
medido por las auroras y los sonidos
de las palabras
que multiplican sus eslabones
que son de plata fina
enrarecida plata del unicornio.

La niña la mujer y el delfín

A Mayra Rivera

Entre los seres verdaderos y apacibles
hay uno que abrasa con finura y deleite
el muro de la acrópolis
sin diluirse
sin dejarse arrastrar por el constante
ruido de la muchedumbre.

Toca la luz de las estrellas
con manos de rocío: es una niña
perdida en su uniforme
blanco y gris
blanco y gris
como un resuello.

Esa mujer acústica sin médula
esa divina presencia
dibujada en los rostros más extravagantes
es mi amiga.

Se me figura a veces una niña
con alma de delfín
o un delfín dorado
con cuerpo de mujer.

Entre los que van o vienen por la calle
se distingue la silueta de esa niña
de ojos claros.

No dice nada y sin embargo
sus pechos amenazan con destruir
a los que miran fijos
como recaudando minutos que no existen.

Hay un señor delgado allí
que parece estarse quieto
ante una piedra.

La niña lo abraza sin pensar
fundiendo todos sus huesos
a mis huesos.

Su alma de mujer se abrasa y pasa
por entre las grietas de mi voz en calma.

Persuasión poco modesta

Un día largo y funesto fui Perseo.
Fue cierto día de cierto mes
en cierto país habitado
por ciertos hombrecillos
con rostro ufano y actitudes frívolas.

Me negué a mirarme en los espejos
donde otros ya se han mirado.

Vete lejos. Busca mujer poco presuntuosa
de larga cabellera y ojos dulces
y no fijes residencia en tierras enemigas.

Pequeña analogía

Más vale la noche tranquila
e iluminada
que mil días en batalla.

Más vale un poco de luz natural
tejida sin argucia ni reclamo
que las centellas y excitaciones
de los envidiosos.

Más vale ser mil veces
como hierba cortada
que jugar a ganar
perdiendo no la luz
sino lo que la crea.

El leve pulso

En esos días terrosos
que huelen a pluma de pollo muerto
encontramos entre diamantes y velloneras
ratas de cobre
para la usura del puercoespín.

En esas tardes que pasan pronto
vemos los muros donde se queda
pintado el cuerpo de una paloma
o de algún muchacho de nuestro barrio
pobre bohemia despedazada
por unas manos que dan pavor.

Eso lo extraigo de algún poema
que escribo a mano mientras camino
por la ciudad.

La desbandada de nuestra hora
llega temprano con agujeros en los zapatos
la voz temblando ya desangrada
ante la astucia de los milanos.

Es la voz del amigo lenta y luciente
como un marciano que nos habla
de las vertientes de las palabras
que truenan mucho y a muchos duelen.

Es el dolor y nada más

un leve pulso una presión
en la clavícula del disco enfermo
de las costuras de algún esquema
reliquia de la amapola y de la aurora
que nunca paran de girar.

La noche y el girasol

A José Rafael Lantigüa

Nos dieron las palabras para el cansancio
de los espejos que nos maldicen
nos dieron nombres desentonados
que se deshojan con el desaire de las acacias
nos dieron casa en las colinas de un manicomio
nos dieron sombra y una ventana para mirar
a los muchachos que se desviven
por la codicia de las cigarras
y el desplome de la ciudad.

El mundo es plano como las barcas
que van cruzando serenamente
el río ya desbordado
donde las algas y los cangrejos escriben
con nuestra sangre.

La luz se alía a los contornos de nuestras voces
algo difusas y melancólicas por la corriente
que se ha quedado entre las pausas y los amagos
del torbellino.

Nos dieron una promesa y el desaliento
de cada noche
junto a la causa de lo que gira
sin detenerse.

Mas todo cesa todo se inclina
todo llega a su punto álgido
menos la brava serenidad del piano.

Somos
      amigo
lo que hemos sido
desde muy antes
de todo asombro
          y claridad:
la letra en oro del girasol.

Las palabras innatas

A François Szabó

La torre Eiffel acude al leve sortilegio
de las palabras innatas
pulidas desde el lomo
como los pomos de perfume.

Mientras arde la catedral de Notre-Dame
en el París de Baudelaire de Hugo
del Chevalier de Saint-Georges
los gorriones humillados perfeccionan
alguna sinfonía secreta.

Heme aquí sentado sobre las ruinas
de las linternas rojas de las calles
perfectamente embaldosadas
perplejo mudo con los ojos cruzados
por un arpón de medio siglo
en el café Le Tambour d'Arcole
mirando cómo el humo transforma
las blanquecinas nubes en negra polvareda.

Por mi mente cruzan como cebras
angustiadas aquellas luminosas palabras
que dibujan un mundo misterioso
hecho de las perplejas camisas
que deambulan comprimidas.

Tus palabras amigo destejen
luces viejas y las reponen con

verdaderas palpitaciones
con ese humor tan refinado que
sabes resguardar en un cuaderno
con dibujos y torres de obsidiana.

En Paris abundan las infantas
melosas con sus cutis de pomarrosa
y su virginidad amenazante
los poetas castos con botines a
los Luis XVI despertando el pavor
de las cortinas
mientras sigue ardiendo la catedral
de Notre-Dame

los mirlos asustados se esconden
bajo las faldas de las damas de anchas
caderas y ojos grises

en el café Le Tambour d'Arcole están
fumando increíblemente
unos señores jactanciosos
que amontonan en el suelo las cenizas
y ríen despistados
ríen como las arañas en el hilo
plateado de la tangible densidad nocturna.

No encuentro las palabras que van
después de este silencio duro
impuro amalgamado

de mil metros de alto
con Anne-Marie Taffanel apoyada
en mi hombro quieta como una loba
diminuta y feroz como una esponja.

Rebeldía nocturna

Cuando converso con fantasmas indescifrables
frente a la vieja catedral donde hay un pozo
que emite resonancias inaudibles
me siento prisionero de la luz más antigua
que subyace en el mármol rugiente
expatriado del nombre de las calles
sin vanidad ni anhelo
sin cesación ni pereza.

Nos volvemos para ver el claro
revoloteo de las aves nocturnas.
Cada cabello predice
el lugar de la aurora.

Compartimos el vino que ha sobrado
de otras tardes o compramos whisky
y recitamos versos de Ludovico Ariosto.

Luego como empujando estatuas adormiladas
nos sentamos junto a las muchachas
que se trasnochan porque tienen
una costilla negra transparente
y un fervor de domingo mal planchado.
Son divertidas y nos dejan colocarles
cubículos de hielo entre las tetas.

El olor del cigarrillo hace que la luna
se esconda entre los árboles.

Ya estamos cansados de canciones
sin rimas y nos vamos tropezando
por la calle El Conde y recitando
algún poema de John Keats.

Todo es efímero decimos repetimos
con lástima o desdén.
Las palabras mienten más que los poemas.
Los hombres para dominar a los hombres
crean redes encantadas que se convierten
en un infierno azul lleno de lobos.
Tropezamos al subir la cuesta
y rodamos hacia un fondo indecible.
Nos reímos del lodo y de la cima
de los pinos de Atlanta
de las tardes de lluvia
cuando el trigo escasea
y nos entra nostalgia
por un poco más de whisky.

Hemos sido rebeldes
como los bosques instantáneos
que repiten sombras de linces
en las botellas de vino.

No nos importan los narcisos ni las pisadas de
Alejandro Magno en las ruinas de Persia.
No nos importan ya los dioses
ni los budas

ni las calles atestadas de arañas.

No nos importan el cielo y el infierno
ni la noche ni el sol ni los copos de nieve
ni la lluvia precoz que nos tiñe la sangre
con tinta de periódico.

Nada creemos ya
y por eso nos odian.

La niña y el espantapájaros

Hay arena y playa y cierta multitud
cambiante en los turbios
laberintos de unas manos de niña.

La niña de la que hablo está ebria
ebria y perdida en su vestido rosa
me mira con una mirada de apenas
trece años
trece años que se irán cada día
a un olvido indefenso
como las piernas endebles
de las madres pluviales.

Yo siento que se estremecen sus huesos
en los míos cuando dice palabras arenosas
y salvajes
palabras ciertamente dulces
ebrias como las alas lascivas del murciélago.

Se va dando de a poco en juegos
cada vez más húmedos
continuos
virginales.

Su entrega es como el grito
de la selva
en mitad de la noche.

La mujer y el caracol

Su fantasma me muestra
cómo las damas españolas arrancan
a los pájaros sus plumas acrisoladas.

Me muestra los paisajes de México
y siempre firma inclinando la letra
como los mercaderes de Chipre.

Me enseña a respirar los lunes y los martes
mientras mis otros días los vivo
como ahogándome
bajo un cielo sin color
que ella sabe trastocar.

Con sus ojos de ardilla prisioneros
acostumbrados a la pureza matutina
abre en la oscuridad un ruido ajeno
como de espanto
de ruina
de bellota.

Su mirada de espuma crea burbujas
que se escapan de sus labios en forma
de palabras
palabras seductoras como hipótesis de muerte
palabras sin sentido muy hermosas
como ajedrez o tinta o calabaza.

El caracol despoja de su centro magnético
a la mujer enigmática
ambos predicen el momento de turbación
en el que son colindantes levedad
humillación y cobardía.

El caracol se aferra al sueño
a la penumbra
la mujer sin aferrarse a nada
deja entrever su desdén
y su deseo.

A veces en el parque e
l viento mueve sus cabellos
y puedo ver sus orejas perfectas
y su cuello delgado.

Nos decimos cosas que dan risas.
Por decir mantecado decimos Montecarlo
una ciudad donde los cuerpos se administran
en gotas de sudor
calambre o fuego
como se administran
el pudor y las estrellas.

De nuestro encuentro en Richmond

Te acuerdas de aquel día relumbrante
bajo la serena penumbra en Richmond
donde se pierden los coyotes y aúllan
las paredes.

Tus labios temblaban como peces
que saltan sobre el tablón de pino
y tu boca estaba dulce más dulce
que todas las palabras que se dicen
los amantes en noches misteriosas.

Tu cuerpo al acercarse temblaba
y ardía. Y al caer tu vestido danzamos
en silencio rozándonos mojándonos
en una lluvia que nacía de ti
olorosa a tu sustancia natural
que da esplendor al apetito bruto.

Etcétera

Nada hay más perfecto y eminente
que el pulido cutis de las colegialas
que se descalzan y desvisten con pudor.
Nada más peripatético que soñar
con esporas y navajas en un lecho
curtido por el sudor y el semen.

Nada puede estremecer la noche
tan tenue y frágilmente
como el roce de unos senos virginales
macizos y frugales
desafiantes.

En una gota de agua nos perdemos
ardiendo.

Lo más preciado de este mundo
son los buenos culos de las damas
sencillas naturales y mansas
que nos dan el ser cuando respiran.

La extranjera

A Raquel Virginia Cabrera

Algunas tardes pasea sola por Manhattan.
Es rigurosa lívida entusiasta y se asusta
si cruje la madera o se mueven
las cortinas adentro del espejo.
Es tan silenciosa como un árbol sin hojas
pálida irreal y repentina como una llovizna
en día soleado.
Se arrincona en los trenes donde viaja
dormida o pensativa.
Se ríe sola al cruzar de una calle a otra
sin mirar a los lados.
Desdobla una mirada
y se aconseja a sí misma
si el viento la despeina.
Antes de abrir la puerta
se percata de que la llave no se quedara
en su oficina.
Escribe y borra para volver a colocar
palabras mudas sobre la alfombra
bebe vino y escribe a quemarropa
dejando que las palabras
de asombro nazcan por sí solas.
No sé cómo al regresar del mundo
no se siente extranjera
aquí
en la nada.

Poesía es la mujer que cree en el hombre

La poesía falsifica lo que somos.
Nos deja los dedos húmedos de baba
y la garganta seca.
Nos conduce por extraños
laberintos de piedra
nos humilla y traiciona.

La poesía nos deja soledad
en la punta de los párpados.

La poesía nos pudre
el paladar con la palabra.
La poesía nos lleva a la locura
a la miseria
nos vuelve criminales o amnésicos
nos pierde dos instantes
que son como mil años.

Poesía es caminar patas arriba
echando sangre sobre un papel dorado.

Pintamos los barcos
de un color verdadero.
"Verdadero" significa
caer en la cuenta
de cada minuto
de desorientación.

Desorientación
que nos causa la poesía.

Poesía es extraviar el ser
y hacerlo aparecer
en el no-ser.

Poesía es maldecir a quien vigila
nuestra casa
desde otra casa
que también es nuestra.

Poesía es la mujer
que cree en el hombre
magnifico esqueleto
el hombre siempre allí
como un caballo exangüe
despellejando voces mal cosidas
despedazando el aire frío
del domingo
con temblores descoloridos
que se quedan pegados al papel
y al chaleco.

Poesía es calcar un cuerpo
a medianoche
en una habitación a oscuras
en un país extraño

sin testigos
y darle vida al mármol
no a la estatua.

Mujer fumando en el pasillo

El tiempo se le viene encima
y no se asusta por lo que ve:
le tiene demasiado confianza
a la soledad
al desamparo de la tormenta
que todo lo niega
por compasión.

Ya los caminos se les han truncado
por estar pendiente de lo inmediato.
Su sol de aroma son sus zapatos
su gran misterio su corazón.

Nada ya la emociona
como el primer día
de su gran fe
salvo ese soplo de paranoia
que la sacude de nueve a seis.

Un día —cualquier día—
será el último.

De todos modos
mejor ni hablar.

Por la cofia y por el pan

A José Sirís

Me dijo que el poema es una casa
con dos puertas que no abren.
Me dijo "ten cuidado: observa
y no te fíes de mujer coqueta."
Es mejor andar descalzo por la playa
que andar en zapatillas por el monte.
Me dijo poesía es presumir cierto detalle.
Calcula la distancia como puedas
de tu cuerpo con el cielo:
búscate arriba donde abunda el sosiego
y nunca mires hacia abajo
a menos que no sea para ver donde pisas.

¿Por qué preguntas a la noche
por la cofia y por el pan?

Deja que fluya la palabra por venir.
Déjala morir como muere el monarca
en su jaula inaudita.

Ten cuidado —te exhorto
con preclara vehemencia—
de la mujer que ve
por la ventana a su vecino
y se sofoca y palidece
lo mismo que una hoja ya pisada.

Cada vez que dan las cuatro

A Ana Isabel Saillant Valerio

Se despegan las agujas del reloj
y se desatan mis zapatos
porque llueve a toda hora
y se agitan en un frasco cuatro soles
y una luna.

Me viene a la cabeza una tristeza
verdadera con olor a pantufla de soldado
y nada se oye tan perfectamente
como esta flauta sin sonido
que dibujan las muchachas persuadidas
por la forma casi nula de un sicómoro.

Triste es arrastrar mucho los pies
por una calle angosta en día lluvioso.

Triste es casi nada —no exagero—
me angustia estar sentado todo el día
sin saber qué hacer
adónde ir con tanto frío
enemistado con el mundo.

Escribo en la pared un grito
en tinta verde o roja
pero noto en ese instante
que no hay un solo pájaro
en el cielo
ni ladrillos volando

ni suelo ni pisadas.

Me doy vuelta y saludo desde lejos
a una mujer que observa y calla.
Es una amiga que no me reconoce.
Pasa el tren y sonreímos
como diciendo adiós
con la mirada.

width:913px; height:1484px;

Sótano

Las cajas de chocolate son hermosas
y saben a papel de celofán
a sótano con huevos de araña.
Las arañas tienen mejor sabor de noche
que las tablas podridas de mi cuarto.
A veces escucho a las arañas discutir
por un trocito de azúcar
que se ha quedado en mi boca.
Escucho sin darme cuenta exactamente
por qué arrastran los baúles vacios
hasta ponerlos en línea debajo de mi cama.
Trato de despertar
echando gritos. Silencio.
El silencio cuelga de los árboles del patio.
El ruido sigue intacto
moviendo más baúles
y colocando en linea
debajo de mi cama
fósforo y más fósforo.
Descubro entre mi boca
unas patitas largas y peludas
como de araña encinta.
Me lavo los dientes con jabón
mientras me miro en el espejo
los fantasmas cruzan como dormidos
arrastrando mis zapatos.

III

Amantes

1

Nos hemos escapado del liceo
para darnos mimos a la lenta
sombra de un roble deseoso
de cielo y alegría.

Todas las tardes sus besos me dejan
un sabor a manzana a licor a sardina
y su piel es más tersa y su voz azulosa
rebota entre las venas de los pájaros.

Nos vamos a la orilla del mar a recoger
erizos y piedras de obsidiana
y a decirnos palabras que no están
en los libros sagrados.

Nos decimos palabras tontas
que nos inflan las células
palabras que alborotan los rubios
pensamientos de los barcos.

Nos miramos buscando no sé qué en lo profundo
y al no poder resistir un minuto más
cerramos los ojos parpadeando
y hechizados como los ascensores y los túneles
nos mojamos los dientes con la lengua.

2

Cada vez que nos besamos mi mano
busca el sitio de sus senos y su mano
me obliga a retirarla con dulzura.

Marina es alta como un pino y sus senos
seducen a las aves del bosque.

Cuando busco su fruto en la penumbra
ella retira nuevamente mi mano
sin decir palabra.

Te cortaré las manos Alejandro
te cortaré las manos Alejandro
si dejas de tocarme.

Oh Marina Marina
el mar está temblando
y tu boca está fría.

3

Salimos a la plaza a beber vino
con Hilario el poeta
y su amiga Tamara alta y fervorosa
como un alhelí.
Ellos hablan y se besan y ríen
compartiendo el mismo humo.
Nos molesta bastante el olor del cigarrillo
y el ambiente algo sucio y concurrido.
Es nuestra última cita en este bar maldito.
Nos decimos adiós cerca del puerto
donde se oye andar a los ladrones de moscas.
Ya en la madrugada sudamos un sudor
de siglos y naranjas y respiramos el aliento
que nos falta.
Es fascinante encontrarnos tan cercas
sintiendo nuestras pieles y sorbiendo
nuestros sudores abundantes.
Ella me pide que nunca la abandone
y me promete un arcoíris fabuloso
yo le pido que me chupe la lengua
hasta el cansancio
porque ya el cielo está aclarando en viernes.

4

Se ha mudado recién en la casa del pollero.
Es una niña de unos doce años silenciosa
y esbelta.
Mira con sincera curiosidad y sonríe todo el día
enamorada sin duda del verano.

Adela.
Me ha dicho que su nombre es Adela.
Su sonrisa se dibuja muy dentro en el paisaje.
Yo pienso tanto en sus cabellos largos y su cuello
tan fino mirando a una mujer y no a una niña en
ella
y se lo digo tocando sus dedos fríos y sudados.

Ella me dice que no la mire más
que siente miedo no por mí ni mis palabras
sino por ella misma
me dice amablemente "estás ya viejo
y debes respetar a los demonios
y si no a los demonios
a la edad."

5

En el patio ladra el perro bravo
y las gallinas se espantan
se alborota la gente
y yo salgo a mirar.

Adela está en el fondo del patio
bañándose desnuda.
Hay una lámpara de gas
en lo alto del muro y puedo ver
las formas y sentir el olor
de sus cabellos.

Me acerco para ver si está
con ella alguna amiga y no
no hay nadie más que Adela
no hay nadie más en este mundo
excepto Adela
y yo que la deseo.

6

Me he refugiado en los brazos de Silvia
una moza dentona de veinte años
brava como un camello alegre y suave
como una almohada.
Viene de tarde a escuchar canciones
en la radio y a beber vino mientras
afuera el sol se enfría como una plancha.
Adela lo sabe y está muy triste
no se esperaba eso de mí.
Hoy le he escrito en una servilleta
una frase de Shakespeare que yo me sé.
Me evade por el camino. Ya no se asoma
para mirarme.
Se ha vuelto vieja siendo tan niña
tosca y severa como un tirano
ya no le importa nada de mí.

7

Silvia se ha ido sin decir nada.
Busco en la mesa y no encuentro
como otras veces una nota en
la que me escribe "vuelvo mañana
como a las seis."
Me ha preocupado esa actitud.
Voy a su casa y está la puerta cerrada
con un candado.
Me siento sobre una roca
para esperarla tranquilamente.
Pasan las horas y nadie viene.
Me vuelvo a casa a leer un cuento
de Maupassant.
Me da tristeza no saber nada.
Los días pasan como ratones
por mis entrañas.
Y las palabras de Maupassant están
rompiéndome la cabeza.

8

Adela toca en mi ventana con los nudillos
de su sonrisa fosforescente: me ha traído
un poco de café recién colado
para avisarme que me ha extrañado
como a un diluvio
y no hay ¡nunca lo hubo! ni pizca de rencor
entre los hilos de su vestido.
La invito a entrar y ella se niega con timidez.
Insisto. Y entra. Nos abrazamos como dos gatos
que piden carne en la pollería.
Si quieres leche —me dice— mañana
como a esta hora te la traigo bien calentita.

9

Han pasado ya nueve meses sin ver a Silvia.
Hoy el correo me da noticias de Marina
que se ha casado con un médico de la ciudad.
Me da alegría saber que ella ha sido sabia
en su elección porque un poeta no vale nada.
Adela entra por la ventana y me da un beso
que no esperaba. Sale corriendo
porque le han dicho que soy un diablo
o algo peor.
No te vayas le digo que quiero hablarte.
Me grita que volverá.

10

Ha vuelto Adela de madrugada
sin que lo sepa nadie en su casa.
Se ha tendido junto a mi cuerpo
y yo la trato como a una diosa
le peino el pelo le doy abrazos
y le aseguro que a nadie he visto
con más belleza.
Su desnudez no la declaro porque
esas cosas mejor se guardan
con siete llaves.
Pero el cariño que nos tenemos
es tan sagrado como una nuez.

11

Hoy he pasado la tarde en el parque
leyendo cuentos de Chejov
y dando alpistes a las palomas
y hablando con los amigos que van y vienen.
A poco tiempo cae la tarde y veo a Marina
que viene sola por el camino.
Está muy linda con su vestido de dos colores.
Se ha detenido para esperarme y vamos
bajando por la calleja mal empedrada
hasta una plaza que está en el fondo.
Está feliz mi amada Marina y no se acuerda
de lo que hicimos
pero me dice que quiere sexo
que tiene frío y está muy sola.
Me abraza fuerte y casi llora
diciendo a gritos que no la suelte
que si la suelto se perderá.

12

Adela viene ahora todas las tardes
a traerme café y dulces. Se marcha pronto
y luego regresa como temblando
ante las horas que no se ven.
Ella no dice que viene a verme
sino que ha ido donde una amiga.
Su amiga Tetis que es mayorcita
mira profundo y habla despacio
mostrando su habilidad
tiene tetas de rodaballo y bellas piernas
de codorniz.

13

Está lloviendo desde temprano
y ya la tarde se ha disipado.
La gente va y viene con alboroto.
La lluvia el viento la soledad
no sé qué hacer.

Pienso leer o escribir poemas
pero mi mente está vacía
pienso en Marina pienso en Adela.

Pienso y me angustio y salgo bajo
la lluvia con un paraguas que se
ha roto por cuarta vez.

Regreso a casa con sobresalto
me cambio la ropa que está mojada.

Se oye como un derrumbe de zinc
y arena dentro de mí.

Me tiendo sobre la cama
que huele a Adela.
Hora más tarde se va la luz
y estoy a oscuras sin esperanzas
de verla hoy.

14

Son cuatro las hijas del pollero
dos de las cuales ya se han casado
y viven lejos en Yamasá.

Las dos que quedan son silenciosas
viven en mundos incomprensibles.
Me hablan les hablo de payasadas
y nada más.

Adela en cambio es brillo innato
delicadeza bondad y fuego
puro candor.

Es una niña muy distraída
es una niña con ojos claros
dueña gallarda de hablar sereno
mirando fijo como los gatos.

15

Adela ha venido hoy medio cansada
triste aturdida y con ojeras.
Qué te ha pasado yo le pregunto.
Nada me dice no pude dormir
porque deseo irme de aquí.
Soy una niña para la gente ¿y eso
es todo lo que yo soy?
Sabes muy bien Adela que yo
te miro como mujer. Si por tus años
nadie te entiende no te preocupes
yo estoy aquí.
Quédate Adela yo me haré cargo.
Se fue a su casa luego volvió.
Dormimos juntos todas las noches
todas las noches nos pertenecen
solo a nosotros dos en este mundo
que nos murmura de sol a sol
mundo canalla de hipocresía
mundo maldito mundo traidor
donde se vive como muriendo
donde la muerte sabe mejor.

16

Hablo con el tío de Adela que vende
pollos asesinados por su sapiencia
de matador.
Me dice que soy malvado ¡mefistofélico!
que lavo el cerebro a los girasoles
que no trabajo que soy un vago
que cómo diablos le voy a hacer.
Le digo viejo no te preocupes
tengo mis mañas e inteligencia
de lo vacío saco mi ciencia y vivo
bien no me arrepiento.
Se me echa encima con una fuerza
de gladiador yo lo domino
pero el ladino saca un cuchillo
y me lo entierra en mitad del pecho.
Pasan los días me recupero cambio
mis hábitos y dirección.

17

Hoy he metido el pie en una fábrica textil.
Trabajo de seis a cuatro y me dedico solo
a dos cosas: mandar y ver que todo se haga
como es preciso.
Adela se queda en casa haciendo
cosas que a ella les placen.
A mi regreso me da sus besos y
ropa limpia. Al poco rato paseamos
por las orillas del viejo río
y nos volvemos por otra parte por precaución.
Ella me canta canciones bellas y yo la
cuido como un titán.
Nuestras rutinas son algo dulce
lo que ella me pide yo se lo doy.
Nada nos falta a decir verdad.
A nadie debo ni a los banqueros ni a los amigos
todo lo gano con gran honor.
No tengo muchos amigos como es costumbre
pero lo mucho me da pavor
no tengo gato ni tengo perro
ni tengo moscas a mi alrededor.

18

Marina viene a visitarme porque
hace meses que no nos vemos.
Se entera entonces que tengo a Adela.
Me ha dicho casi llorosa que le urge
que estemos solos por unas horas.
Le digo a Adela lo que sucede.
Me dice vete pero ya sabes nada de sexo
con esa araña.
Nos fuimos hablando bajo por el camino
que lleva al parque.
Entremos a aquel hotel
que es muy urgente lo que yo quiero.
Me da su cuerpo sin pedir nada y luego me dice
que no soporta ya a su marido
que está cansada vieja aburrida.
Deja a esa niña ¿cómo se llama? Adela.
Vivamos juntos y te prometo darte mi vida
y todo todo todo lo que yo tengo.
Marina tú sabes que yo te adoro
Marina Marina ¿tú lo sabes verdad?
Yo no puedo dejar Adela. Jamás podría. Jamás.
Ella es el cielo y el paraíso
la luz del día mi sinrazón.

19

A los espejos de las camisas se les aflojan
todos sus hilos.
Marina anda por estas calles buscando
sitio donde vivir
le damos en nuestra casa un cuarto
bien arreglado y convivimos como los patos
entretenidos en nuestro andar.
Al poco tiempo se ha divorciado de su marido
y ahora llora de vez en cuando y casi nunca
comparte con nosotros el desayuno.
Se ha vuelto arisca y solitaria. De noche sale
sin decir nada.
Habla con las paredes y con las puertas
de las entrañas de las abejas y de los muertos
que yacen entre las venas de los cangrejos.
En la madrugada de este domingo
entro a su cuarto con precaución toco su hombro
y está desnuda bajo una manta de pescador.
Me mira muda y deseosa me da un abrazo
y me susurra casi llorando no me sueltes
que estoy volando contigo dentro de un palomar.

20

Adela está dormida con su cabeza sobre mi pecho.
Marina se ha levantado de madrugada
haciendo ruidos en la cocina con un martillo
de relojero.
Yo me levanto y voy a ver si está lloviendo
o si ha llovido o si lloverá.
Se acerca con una taza de café caliente
y me la ofrece con sencillez.
Con la mirada me muestra sobre la mesa
panecillos de ciruela con huevo de codorniz.
Habla de lo que quiere con sensualismo
de los retratos que se desgastan por el aroma
del obelisco y la salmuera del malecón.
Es peligroso jugar el juego de andar de noche
sin respirar caminando por los rincones
como ratones que nunca duermen.
Nos deseamos ya cada día y estoy a punto
de no saber qué estoy haciendo entre paredes
que me sofocan y angustian como las lianas
del pedregal.

21

Adela abre la puerta del baño
buscándome
sin saber que estoy ahora
en el cuarto de Marina
peinando su cabellera
con el vinilo de un tejedor
de redes artificiales.

Marina se viste pronto
y corre hacia la cocina.
Le dice Adela que estoy e
n su cuarto reparando
un abanico que se ha dañado.

Yo aparezco ante ambas
con rostro de moribundo.
Adela se sienta casi a la orilla d
e una silla de pana vieja
y me dice que si yo quiero
puedo acostarme con ambas
que no le importa si lo hacemos
de vez en cuando
si soy feliz con ese arreglo.

Marina con su sonrisa
llena de brisa y de reliquias
nos ofrece un poco de vino dulce
y limonada.

22

Se oyen pasos
muy leves
entre una habitación
y otra.

Es el viento
que mueve las cortinas
como un gato.

IV

El demonio de la ignorancia

Ábrete tierra sembrada de unicornios
cúbreme las manos y el rostro
con tu flema purpúrea
acaba ya con las cuerdas fatuas de los pájaros
acaba con el cielo que nos deslumbra siempre
con su cobre salobre y su donaire vacío
acaba con el pulso de la piedra marchita
que se abre paso entre las nubes del espejo
hasta dejar temblando mi camisa baldía

entra en mi memoria como el dios más cruel
la ignorancia
que es en sí el mayor de los dioses.

¿No ves el sol de siempre desaliñado y pobre
con su pequeño túnel donde habita un demonio?

Es el demonio de las cosas sabidas
que de tanto agrandarse no caben
en sí mismas.

Así los lirios y las sombras acaban
entre música de olvidados confines
y así canta el jilguero ante el trueno
y la lepra de las risas nonatas.

El demonio de la inteligencia

Hay un demonio que nos da
su terror y su pausa
sin mezquindad ni mesura
es un demonio dulce como la cal
o el sueño
pasa muy lentamente
con vistoso disfraz de animal
sosegado
es la inteligencia con su aura
plausible hipotética fehaciente
pernoctando solitaria entre la
tierra mustia
buscando algún destello
de absoluta carencia
para arder como arde en su sino
la yesca ya mojada.

El demonio de la claridad

Evadir a ese demonio inmaterial sonoro
de verde claridad atolondrada
es como partir en dos un astro
para expandir su centro
o agotarlo.

Percibir la imagen que regresa
fortificada o débil
inmarcesible o pura
es hablar a los dioses de remotos
lugares en los cuales ninguna utilidad
alcanza el hombre que vive entre sueños.

El verano huye con el rostro de piedra
de su máscara
huye como yo aterrado del viento.

¿Es posible que una misma claridad
se encuentre repartida entre metales
árboles y bestias?

¿Es el hombre una deidad
enferma de autofagia?

Yo fui un dios prematuro
llagado por la luz y el olvido.

El demonio del exilio

Conozco el frenesí de los bosques lejanos
he vivido a la intemperie
entre tribus salvajes
y comido raíces demasiado amargas
he visto otras ciudades no tan bellas
he dado muchas veces mi punto de vista
cuando aún no era preciso.

Heme aquí ahora desconcertado y solo
huyendo de mí mismo
sin rumbo ni refugio.

El demonio de la duda

Pasea solo por entre yermos montes
arrastrando con su sombra la sombra
de los hombres
cuyos hombros torcidos son de lana
cuyos rostros mezclados con azúcar
son grietas que produce la lluvia
sobre el suelo.

Es más fuerte que la noche o el caos
es más pura que el orín del camello
es más densa que toda la neblina
acumulada en resonantes pechos
desbordados.

Ningún demonio sueña
lo que sueña la duda
precisa y tenaz como un barril vacío
ningún demonio atrapa la inquietud
de los fuertes tan poderosamente
hasta hacer polvo el corazón poseso
de la mariposa y del leopardo.

Ningún demonio exprime de igual
modo la gota de rocío
que alarga la locura
y envenena los odres del viajero.

El infatigable demonio del deseo

Entre un árbol y otro hay un espacio en blanco
reforzado con sombras diamantinas
que lo ocupa intermitentemente el deseo
demonio de doble impavidez.

Ata más que las formas del cielo
ata y no suelta jamás el corazón salvaje
entre esos trenes resguardados por polillas
con bífidos paraguas en lugar de antenas.

Para escapar de este demonio de alas verdes
es necesario morder muchas veces las cadenas
rodar y rodar cuesta abajo
hasta quedar ahogados
entre las inmundas aguas que conforman el cielo.

Es necesario huir con los ojos abiertos
y el rostro descompuesto.
Es necesario herir con una flauta
al pez de tierra de la luz inaudita.
Es necesario borrar lo imborrable
arrancarse las uñas y llorar sin cesar.

El ocio incesante

Frenético pausado incesante
calcina lentamente
entre hojas curtidas
el fúlgido demonio del ocio.

Su límpido néctar tumefacto
da claridad a la yerma exquisitez
del trópico.

Este demonio fragmentario y megalómano
da suavidad al viento torturado
pule las venas negras de los hombres
y esparce su sangre amarillenta y fría
por mi rostro.

Almacena minúsculos bodrios
de raíz acelerada
subiendo hasta las almas
que se quedan solas
imaginando luces sobre puentes
que no existen.

La codicia

Las calles angostas duermen tranquilas
mientras las ranas amistosas esparcen
la vertiginosa angustia de las nubes estáticas.

Los hombres codiciosos son neutrales:
como el color gris o el moho amarillo
llenan sus alforjas de oro y plata
y con ellas hipnotizan a los pescadores
de lancurdias.

Usan la gubia con acierto
y asustan a los tísicos fantasmas
con una vara y un cajón de lata.

Sus manías laceran lo mismo que la cera
o el tinte del cabello o la salmuera.
La rima se da por accidente
o la calcamos de los libros
en nombre del progreso.

¿Por qué se oye tan quedo
la respiración de los demonios?

¿Será que la codicia los posee
como a los peces el asombro
del agua?

El demonio del orgullo

Los hombres orgullosos
y las mujeres clarividentes
se esfuman al mirarse de frente
sin llegar jamás a reconocerse
en lo profundo.

El hombre pide la presencia
indomable
de las orillas distantes
robando al demonio del orgullo
un timbre demasiado claro
la mujer retrocede
como un sauce amarillo
abriendo las alas
en la exquisita oscuridad.

Finalmente
la clarividente destierra al orgulloso
quien vuelve al laberinto
con un espejo roto
y un niño degollado por el refulgente
vendaval nocturno.

A esa hora el demonio del orgullo
se engulle el brazo izquierdo
del que salen volando manos soñadoras
esqueletos de fierro usado
espejuelos didácticos

y manicuristas friolentos.

Yo
que acabo de avanzar dos metros
hacia ninguna parte
me alisto para pelear
en la próxima guerra.

El demonio del odio

Os juro por vuestra miseria
oh bárbaros
que un día arrojaré los dados
contra las rocas persuasivas
y pondré a girar la máquina de vapor de los
vestigios verdes y de las llagas por cerrar
y abriré la luz con un girasol
y empujaré muy fuerte
con ambas manos
al viento desde el arrecife.

El demonio de la muerte

Uno se da cuenta de lo excitante
que es la muerte.
Uno arruga un trozo de papel escrito
dice redice desdice unas palabras
y acaba comprendiendo que la lluvia
se puede empapelar como un pescado.

Uno se aproxima a la ventana
para ver el diluvio que es la noche.
La noche dura mil años acodada
a nuestra mesa.

Uno anda casi a rastras sobre el suelo
amarillo de la muerte
uno toca el cielo con la mano vendada
y solamente el demonio de la muerte
nos deja ver la luz de aquellos barcos
que dejaron de alumbrar.

Uno contradice con silencio los gritos
evasivos que atan un cordón de zapato
a nuestra lengua.

Uno se inventa unos latidos sistemáticos
de yesca y levadura
y da golpes contra un muro que no está.

Uno toca el cielo con un pájaro de hierro

colocado sobre el pecho
de hierro del relámpago.

No sé si estoy vencido
o estoy muerto
pero mis manos al tocar el busto
de mi amada
es un gorrión sin ojos
que el hálito de un canto
lleva o trae.

El demonio de la hipocresía

Como un espejo se dobla y se persigue
por mudas galerías de volframio
la coraza tiznada de la momia.
Los sauces sacuden sus lamentos
dejando famélicos flamingos
debajo del fermento de mi furia
y por eso son diluvios diluidos
el fémur de la yesca y la manzana.
Las frías almohadas se dislocan
y se vuelven pavesas
las cabezas inconformes
que pierden garbo y puntería.
Vanas son las mañas de un demonio
jactancioso y cabizbajo
dueño de una aureola deforme y evasiva.
A unos les da horror el papelito de la lluvia
y a otros el demonio de la propia hipocresía.
Me dejo llevar por el contraste
de las formas renovadas
y viajo casi siempre con el mismo vacío
de anteayer.

El demonio de la envidia

Por un motivo u otro
el hierro del pecho se contrae
lo mismo que un disfraz
de San Benito.

La envidia es audaz y temeraria
como un cazador litúrgico
con huesos de castor.

Debajo de la lengua de los cavernarios
hay un chalet habitado por gorriones:
cada gorrión lleva en el pico
el blanco corazón de otro gorrión.

Sus plumas son tan suaves y sin brillo
como las garras deletéreas
del buitre enamorado.

Se comban las murallas y el sol
reverdecido
pálido
en ayunas
calienta nuestra sombra
bajo el agua

un agua desterrada de su orla inmediata
la cual es transportada en frascos de pomada
por unos hombrecillos invisibles

que arden como estrellas de mar
sobre un peñasco

mientras la llovizna con su ángulo álgido
pule y aguza las corbatas de fieltro
de los caminantes
y pasa de puntillas como un anfibio rojo
con manchas de peral y lentitud vacía.

De pronto los mirones azarosos
echan alondras lagomorfas
a los evanescentes banqueros biunívocos
que intercambian ojos de dinosaurios
por mosquitos.

La envidia
lo mismo que un tranvía
destroza un edificio
con vanos exorcismos
ahuyenta la claridad del bosque
y a lo lejos
se oyen gritos.

El demonio de la infamia

El cielo se oscurece desde el alba.
Los rostros indistintos se fijan a los muros.
En un trozo de papel apagan sus manías
los trenes de juguete y los hombres ilustres.
La mordacidad de los espejos atrae al zopilote.
Los tuétanos del faro entreabren
cenicientos paraguas.
Sobre un camino de ladrillo
veinte golondrinas destrozan
a un antílope de azogue.
Ante la multitud siempre afanosa
y siempre afásica
las infamias se pagan con infamias y golpes.
Yo devuelvo la luz a quienes me la dieron
y devuelvo oscuridad a quien tinieblas trae.
Me lanzo sobre mi sombra y la estrangulo.
A otros estrangulo con la soga del santo.
Moluscos hay que muerden el sombrero
de marfil de mi demonio lúbrico.

El demonio de la desesperación

Hemos andado desesperadamente
hemos callado desesperadamente
hemos dicho desesperadamente
la única palabra por decir.

Hemos atado un poco de luz
a nuestro dedo
hemos cosido una estrella de mar
a nuestra lengua.

Con un poco de oro y arista de salmuera
hemos formado el humo que sale del volcán.

La desesperación hunde sus piececillos
entre las brasas del azogue
nos reemplaza un pulmón el lapislázuli
la mano del villano es demasiado plana
y nos enferman la vocecilla opaca
y sus temores
he aquí a un amigo con cuello de culebra
evidente y elocuente como un ábaco
su mujer es un oso con barba de hierba
pisar la hierba húmeda conduce a los cocheros
por un bosque secreto
he aquí a un amigo disfrazado de petigrís
he aquí sus ojillos redondos como pólipo.

El demonio de la angustia

Las manzanas con liendres y los sotos sin luna
hirsutos camaradas en clara de huevo
trasportan el vacío de los pámpanos tiernos.

Una llovizna de codorniz recién nacida
y un acordeón de resplandor barato
pesan igual que una locomotora.

Los paranoicos se sientan junto al río
a escuchar el canto muerto del petirrojo.

Es un demonio gris
el bosquecito
de las venas pinchadas
las túrgidas venitas amarillas
del algodón afrodisíaco.

Con mil agujas bajo la lengua
avanzo por entre cardos
y estalagmitas
desentendido de los vaivenes
del comején.

Los indecisos los enlutados
los indefensos los charlatanes
desuellan con impaciencia
una garganta desajustada.

Las decisiones se enrollan
como los huesos sin médula.

La angustia del puercoespín
sobrepasa el deseo de la pirámide.

Cada quien absorbe el estupor del humo
por los cabellos extraídos de las enciclopedias
y de las chimeneas enigmáticas
que aplanan el peluquín de los cobardes.

Cada quien echa a rodar las nubes
sobre los adoquines
por dilatar los minutos que se adelantan
como un sonido de pedrería.

Van los cocuyos y los nenúfares
desenredando el agua de los tinacos.

Muy lentamente con disimulo
empujan con un murmullo
la noche hasta hacerla caer
del otro lado del mundo.

El demonio de la frialdad

Siento la frialdad de los espejos
en la mirada ausente de mi amada
una niña demasiado impura
cuyos cabellos hechizan a los usureros
a los pontífices de la vanidad macrófaga
a los ferroviarios con pelucas de fieltro
a los que trafican con el interminable hipo
de los trúhanes.

Ella da vueltas en torno a su propio
laberinto de presagios
recobra el roto pulso
de los follajes en llamas
se deja inundar cada noche
por una tos sifilítica
de barco pesquero.
Allí las hijas de los espectros
rasgan la cáscara de frío
de las muelas postizas.

Con el histrionismo de una escalera
ronda la rueca de un alarido
se vuelve agua el polvillo blanco
de su retrato.
Su voz adquiere la parsimonia
de un ascensor apócrifo
sereno y leve como un abrelatas.

Me dice "vete o te maldigo"
y las estrellas sobre el lago
confunden el valor y el orgullo.

El sublime demonio del amor y la locura

A Teresa de Jesús Castillo Lozada

Entre los bordecillos de tu fina sonrisa
he guardado válvulas obscenas
piedrecitas lumínicas sin forma
verdosas oxidadas agujas de lujuria.

Todas las mañanas
mis pies tocan tus pies
todas las noches mi cuerpo
se aproxima
al confín del fuego
que invocamos sin límite.

A veces el calor tropical
nos empuja hacia la tina
donde el agua fría
se calienta con tu cuerpo.

Se clavan extraordinariamente
en la indecible oscuridad
las avecillas torrenciales
que escriben en las piedras
secretos mensajes para ti.

De entre los raros espejismos juveniles
percibo esa forma remota de alcanzar
las líneas que se escapan
al tocar el rápido temblor
de tus muslos macizos como un pájaro.

El olor persuasivo de tu sexo
me desvela
me arrebata
me saca de mi órbita terrestre.

Me pregunto y te pregunto
si soñamos
si estamos en un mundo
atravesado
por el sueño y la locura
o si alguna mezcla de dolor
y placer
nos fortifica o destruye.

Nada en este mundo
se parece tanto al vértigo
es decir
a lo que asciende sin regreso.

Índice

I

II

III

IV

Colofón

Esta primera edición
de *Amigos amantes y demonios*,
de José Alejandro Peña, se
terminó de imprimir
en marzo de 2021 en los
Estados Unidos de América.

almava.net
almavaeditores@gmail.com